U0561740

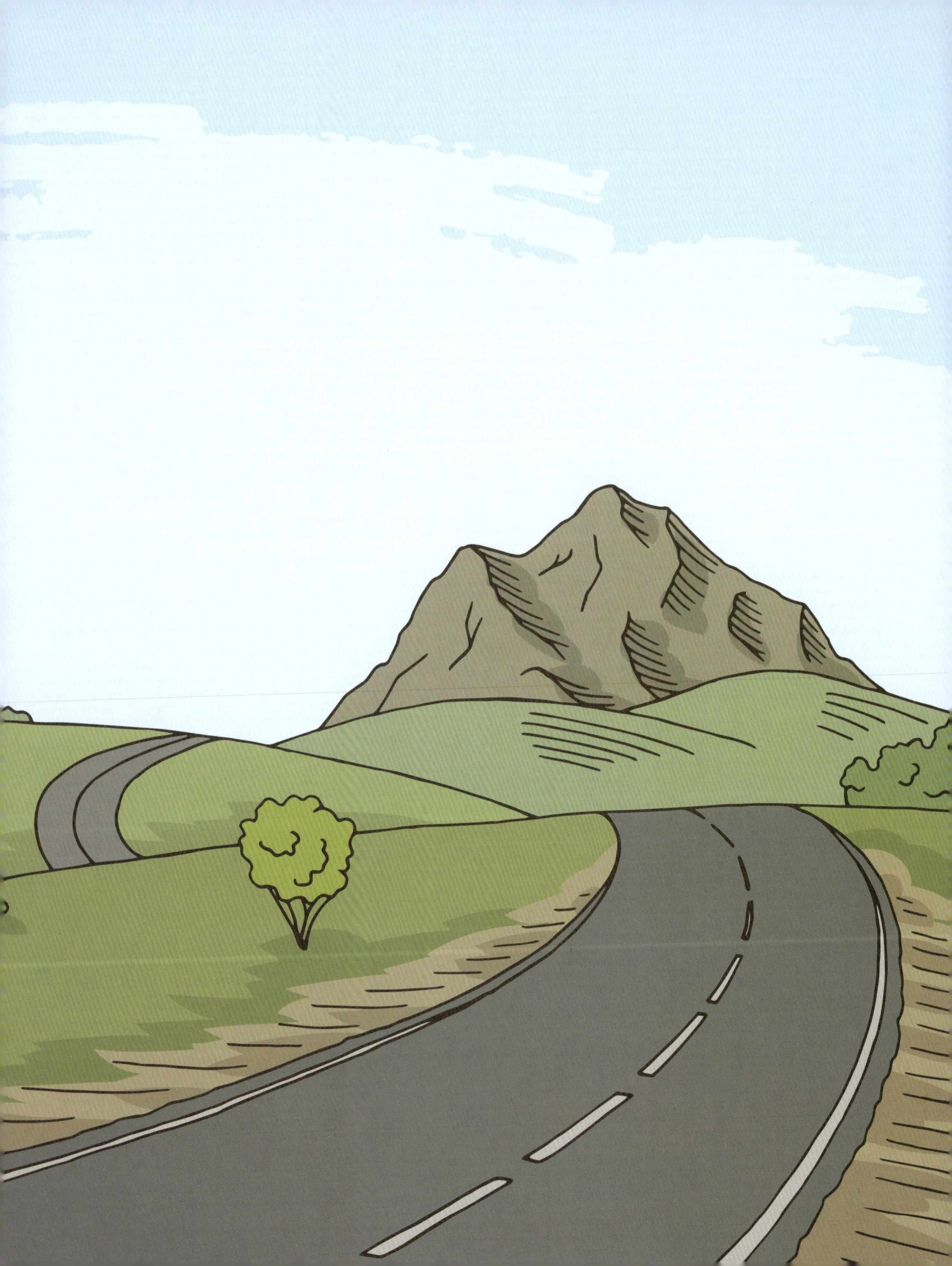

国家出版基金项目
NATIONAL PUBLICATION FOUNDATION

CHINA 这就是中国

你好，中国路

许成汉 著

北京时代华文书局

图书在版编目（CIP）数据

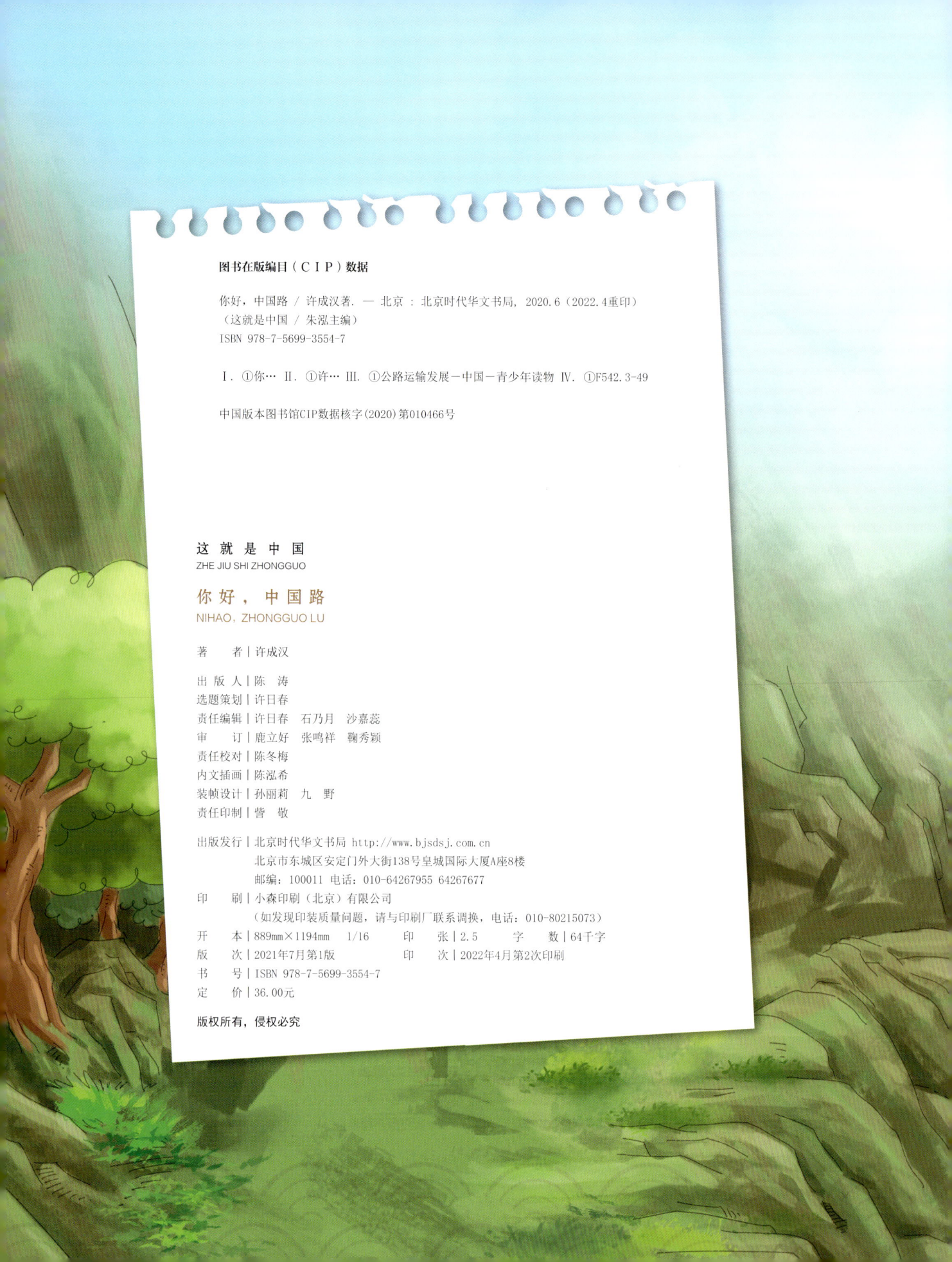

你好，中国路 / 许成汉著. — 北京：北京时代华文书局，2020.6（2022.4重印）
（这就是中国 / 朱泓主编）
ISBN 978-7-5699-3554-7

Ⅰ. ①你… Ⅱ. ①许… Ⅲ. ①公路运输发展-中国-青少年读物 Ⅳ. ①F542.3-49

中国版本图书馆CIP数据核字(2020)第010466号

这 就 是 中 国
ZHE JIU SHI ZHONGGUO

你 好 ，中 国 路
NIHAO, ZHONGGUO LU

著　　者｜许成汉

出 版 人｜陈　涛
选题策划｜许日春
责任编辑｜许日春　石乃月　沙嘉蕊
审　　订｜鹿立好　张鸣祥　鞠秀颖
责任校对｜陈冬梅
内文插画｜陈泓希
装帧设计｜孙丽莉　九　野
责任印制｜訾　敬

出版发行｜北京时代华文书局 http://www.bjsdsj.com.cn
　　　　　北京市东城区安定门外大街138号皇城国际大厦A座8楼
　　　　　邮编：100011 电话：010-64267955 64267677

印　　刷｜小森印刷（北京）有限公司
　　　　　（如发现印装质量问题，请与印刷厂联系调换，电话：010-80215073）

开　　本｜889mm×1194mm　1/16　　印　张｜2.5　　字　数｜64千字
版　　次｜2021年7月第1版　　　　　　印　次｜2022年4月第2次印刷
书　　号｜ISBN 978-7-5699-3554-7
定　　价｜36.00元

版权所有，侵权必究

目 录

古道艰难	2
中国路的艰难起步史	6
中国路的多彩建设史	12
公路的基本知识	16
绿色公路	24
公路的未来	29

古道艰难

在没有汽车、火车的古代,人们的出行十分困难,或靠双脚,或靠畜力,跋山涉水。耗费的时间和精力可想而知。

丝绸之路

西汉年间,张骞开辟了丝绸之路,打通了中原到西域诸国的商路,从此中原的丝绸依托一支支驼队开始运往西域,从而促进了中原与西域的经济发展和文化交流。

丝绸之路开辟后,班超、马可·波罗、玄奘等都和丝绸之路有千丝万缕的联系。

茶马古道

在3000多年前，成都平原的人们还生活在四面环山的大盆地里，由于那里交通闭塞，人们的生活十分困苦。李白曾说"蜀道难，难于上青天"。

为了改变落后的面貌，坚韧的四川人民利用双手硬生生在岩石中抠出一条路来，这条路便是古代四川与外界沟通最平坦的大道。古代的四川商人利用这条羊肠小道运输货物，南达中国云南、缅甸，西到中国西藏，极大地促进了中国西南地区的经济发展。

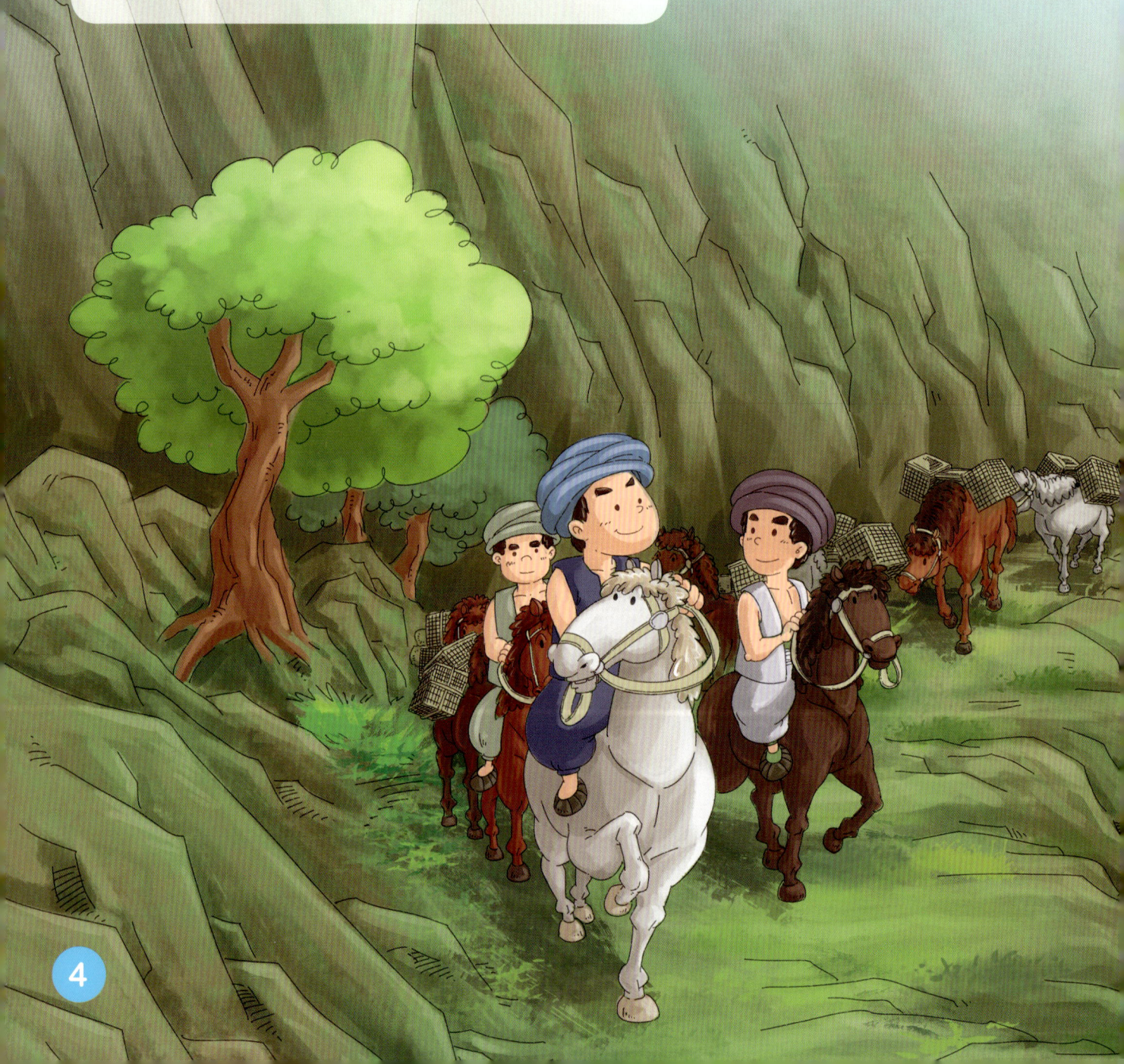

古代成都平原的生活

因这条路主要为"茶马互市"，以内地茶与边疆地区马进行贸易，便有了一个被广为传诵的名字——茶马古道。

中国路的艰难起步史

俗话说"万事开头难",19世纪末期,积贫积弱的近代中国在外有列强、内缺技术的情况下,艰难地开启了自己的修路史。

现在的龙南公路

中国第一条公路——龙南公路

1883年，法国以越南为跳板发动侵华战争，战争在广西打响，清军在冯子材等将领的带领下用长矛、弓箭等武器进行了顽强抵抗。

后来为了抵制法国的骚扰和进攻，清朝修建了龙南公路，成为中国历史上第一条现代意义的公路。

中国第一条铁路——京张铁路

1905年,清政府委派詹天佑负责设计和修建南起北京、北到张家口的京张铁路。

在修建京张铁路的过程中,詹天佑创造性地采用"人"字形铁路,解决了当时铁路直线穿越军都山将出现千分之三十三的极大坡度的问题。

人字形铁路示意图

京张铁路是中国首条不使用外国资金和人员，由中国人自行建设的干线铁路，詹天佑被誉为"中国铁路之父"。现在的八达岭长城脚下还有"詹天佑"的雕塑。

1999年，国家设立"中国土木工程詹天佑奖"，也是中国土木工程领域的最高荣誉，每年在全国范围内授予不超过30个工程项目。

让中国扬眉吐气的大桥——钱塘江大桥

1934年，全民族抗战爆发之前，茅以升临危受命，主持修建钱塘江大桥。该桥是下层铁路、上层公路的公铁两用大桥。下层铁路桥长1322.1米；上层公路桥长1453米，宽6.1米。外国专家曾断言，中国人不可能建成钱塘江大桥。

面对"没有工艺、没有设备、没有经验，天上还有日本人的飞机"的局面，茅以升和他的工友废寝忘食，甚至不惜冒着生命危险，解决了建桥过程中的一个个技术难题，最终于1937年建成了钱塘江大桥。

钱塘江大桥是中国人自己设计并建造的第一座现代化大型桥梁，为中国现代桥梁史翻开了崭新的一页。

钱塘江大桥刚刚通车89天，日本侵略者兵临城下，为了国家民族的利益，茅以升亲手炸毁了自己倾注心血的大桥。炸桥的同时，茅以升发誓"不复原桥不丈夫"。

茅以升用他的爱国报国之心铸就了"桥魂"精神，晚年他编写了《中国古桥技术史》《中国桥梁——古代至今代》等，成为中国桥梁史上的宝贵财富。

抗战结束后，在茅以升的主持下，钱塘江大桥成功被修复，成为浙赣线上的关键性工程之一。

中国路的多彩建设史

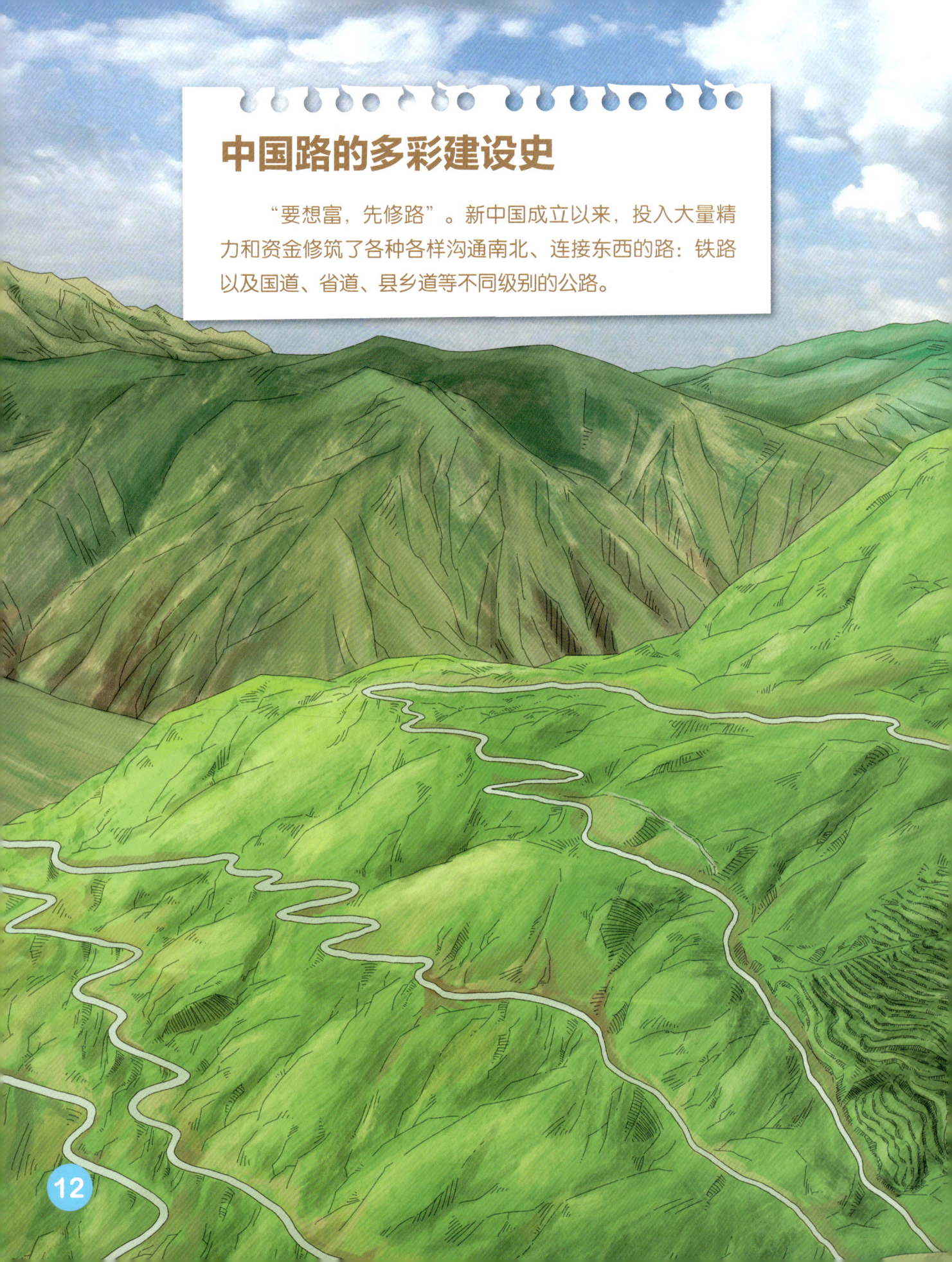

"要想富，先修路"。新中国成立以来，投入大量精力和资金修筑了各种各样沟通南北、连接东西的路：铁路以及国道、省道、县乡道等不同级别的公路。

鬼斧神工的川藏线

西藏位于中国西南边陲,这里高寒缺氧,一度成为游客探秘之旅的目的地。

1954年,国家在原"茶马古道"北线的基础上建设了东起成都、西至拉萨的川藏公路,这便是大名鼎鼎的"川藏线"。

川藏线沿途跨越高山河流,览尽众多雄奇壮丽的风景,并将原"茶马古道"往返需1年的时间缩短为6天,大大促进了西藏地区与其他地区的交流。

如今,川藏线已经成为骑行者的天堂,去往那个神秘的地方,虽然路途十分艰辛,却是一次心灵之旅。

为了川藏线的修建,曾有3000多位军民献出了自己宝贵的生命。不忘先辈,永怀敬畏之心,这是我们的本分。

14

雅西高速公路

雅西高速公路全长 240 千米，是连接四川省雅安市和西昌市的高速公路。雅西高速公路地形条件极其险峻、生态环境极其脆弱、建设条件极其艰苦，因此专家们都称其是中国甚至是全世界自然环境最恶劣、工程难度最大、科技含量最高的山区高速公路之一，雅西高速公路也被称作天梯高速、云端上的高速公路。

公路的基本知识

在中国大地上，密布着各层级的公路，它们就像人体的动脉、静脉和毛细血管，促进中国各地的物资运输和经济发展。

公路的分类

我国的公路按照行政管理等级分为国道、省道、县道、乡道和专用道路，分别用字母G、S、X、Y代替，字母与数字共同组成公路编号系统。值得一提的是，我国的高速公路也是用字母G来代替，不同于国道是G和三位数字组成，高速公路是由G和一位、两位或四位数字组成。

G105
国道编号

S203
省道编号

X008
县道编号

Y002
乡道编号

公路的结构形式

按照"逢山开路,遇水架桥"的原则,组成公路的结构形式有:路基、路面、桥梁、隧道等。

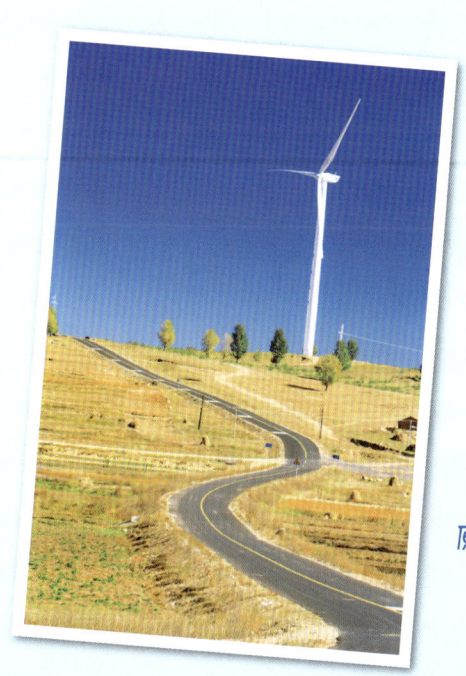

(1) 路基、路面

当在平坦地区修路时,可将路基、路面直接铺筑在地面上。

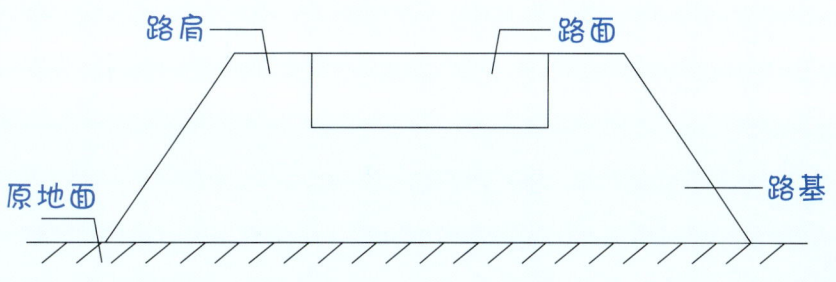

(2) 隧道

当公路需要跨越高山时，我们可以直接穿山而过，这种结构就是隧道，隧道通常以直线行走，可大大缩短跨山的距离。

在公路领域，超过 3 千米的就是特长隧道，我国目前超过 10 千米的公路隧道包括秦岭终南山隧道、米仓山隧道、二郎山隧道、包家山隧道、西山隧道等十余座，其中秦岭终南山隧道以 18 千米居世界第二。

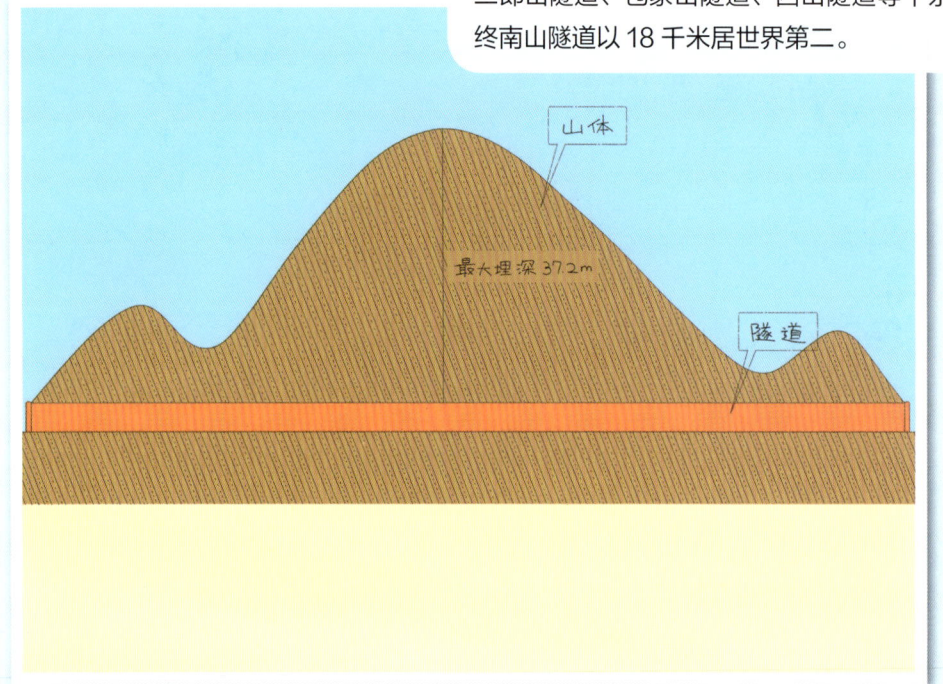

隧道穿山示意图

隧道洞口一般都有该隧道的名字，有些还会结合自然做景观。

"二呀么二郎山，高呀么高万丈"，二郎山隧道的建设结束了"羊肠小道难行走，康藏交通被它挡"的历史。

中国陆地面积三分之二是山地、高原和丘陵，以往山区修路只能建设盘山公路，山路崎岖，车祸多发，山区人民承受着很大的安全风险。隧道的出现极大地改变了这种情况。

（3）桥梁

当公路需要跨越大河、穿越深谷时，就需要建设桥梁，毛主席曾写道"一桥飞架南北，天堑变通途"，描述的便是武汉长江大桥。

武汉长江大桥跨越江面

从茅以升先生艰难建设钱塘江大桥，到现在从容建设世界级高难度大桥，中国用了80年，这80年的历程也是中国从屈辱走向崛起的历程，中国人用自己的执着与努力获得了世界各国的认可。

目前，中国的造桥实力稳居世界第一，"中国桥梁"已经成了中国的一张亮丽名片和彰显综合国力的重要符号。

"惶恐滩头说惶恐，零丁洋里叹零丁"，700多年后，中国在伶仃洋建起了港珠澳大桥，接引香港、珠海、澳门的旅客，伶仃洋不再"零丁"。

2500年前诞生了著名的建筑大师鲁班，他是中华建筑的鼻祖。1987年，中国设立鲁班奖，是中国建筑行业工程质量的最高荣誉，上图的贵州坝陵河大桥于2017年荣获鲁班奖，成为贵州人民的骄傲。

高速公路基本知识

按照公路等级，公路又分为高速公路、一级公路、二级公路、三级公路、四级公路，高速公路是连接远距离目的地的公路形式。

对于高速公路，我们需要了解其安全、服务、环保及应急设施。

绿化带

防眩板

(1) 安全设施

为了避免人或动物横穿高速公路，影响交通，在应急车道或外侧行车道外设有路侧护栏，进行封闭；高速公路外面分界线两侧布设铁丝网或刺铁丝的隔离栅。在有人通行或有河流的地方，特意设置方形或圆形的孔洞，叫作涵洞，方便泄洪；或者设置人、畜和车辆立交通道，这种人、畜和车辆立交通道还可采用天桥形式上跨公路。高速公路实行对向分流，中间设有隔离带，布设护栏，叫作中央分隔带，中央分隔带在路基段一般做成绿化带，在桥梁段做防眩板。

(2) 服务设施

长时间在高速公路上行车，会有上厕所、休息、吃饭等需求，高速公路一般每隔约 1 小时车程便有一处服务区，提供基础服务。

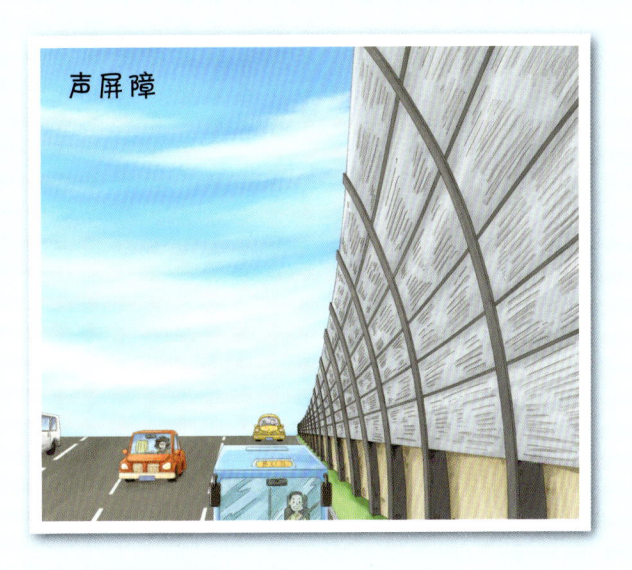

(3) 环保设施

高速公路的直线条可能将动物的生活范围人为割成两块，为了减少对动物生态环境的影响，结合场地条件设置一些供动物穿行的通道，这就是动物通道。

高速公路上车流很多，噪声也很大，对沿线的居民生活造成影响，为了减少噪声影响，高速公路在居民区一般设置声屏障。

(4) 应急设施

因为隧道是在山岩中穿行，有时候信号不好，为了避免出现事故无法报警的情况，隧道内都会设有紧急求助电话，可一键拨打。

如果隧道内出现重大交通事故造成拥堵或出现重大险情，在交警、公路等部门人员指挥下，应急通道可以起到及时疏散人流、车流的作用，平时不可随意通行。

绿色公路

中国的公路正在向绿色低碳方向发展，在公路运营中，充分利用风能、光能等清洁能源。

利用风力发电

公路使用风光互补路灯，晴天时依靠风力和太阳能发电，阴天时依靠风力发电。

利用光伏发电

在服务区的屋顶上安装光伏板，发电用于室内照明。

服务区的停车棚上铺设光伏板，产生的电能可以给电动汽车充电。

尝试将光伏板直接铺在路上，以后就可以"边开车边充电"。

建设电动汽车充电桩

目前，全国高速服务区开始建设电动汽车充电桩，为新能源汽车提供服务。

以推广电动汽车来减少燃油车，减少尾气排放，从而减少大气污染。

推广 LNG、CNG

　　LNG 是液化天然气的简称，其主要成分是甲烷，因此燃烧的产物只有水和二氧化碳，被公认是地球上最干净的化石能源，可有效减少汽油燃烧产生的氮氧化物、硫化物等污染物，特别适合重型卡车和长途客车。

　　CNG 是压缩天然气的简称，是将天然气加压并以气态储存在容器中。比较适合小型家用汽车、公交车和小型货运汽车。

　　目前公路上已经开始推广 LNG 和 CNG。

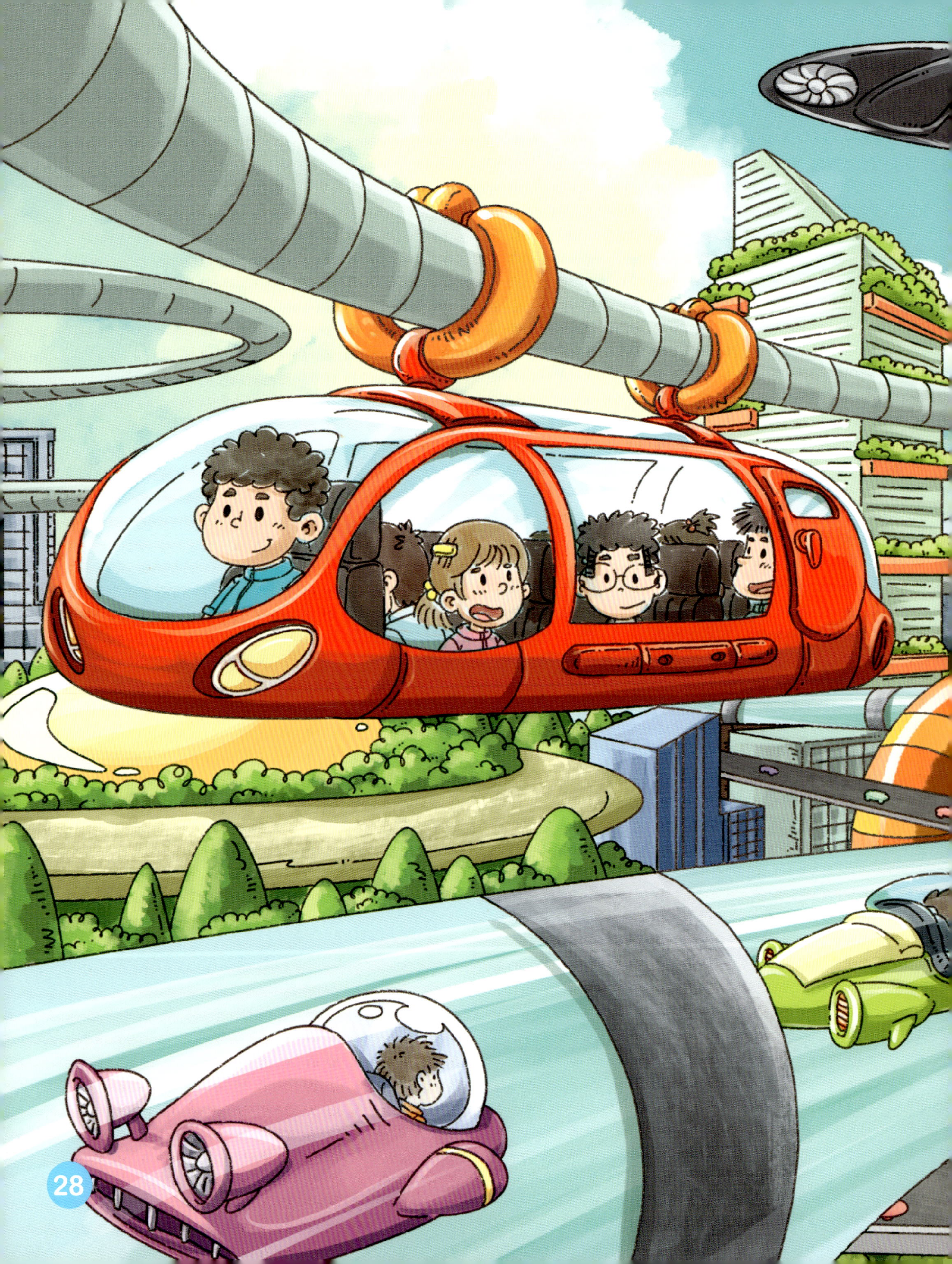

公路的未来

几千年前，古人未曾想过能够凿通大山修路，也未曾想过不用舟楫如何过河，今天我们都做到了，做到了古人未曾想到的事情。

在科技发达的今天，未来的路又会是什么样子，这不禁给我们打了一个问号。要想解决这个问题，就需要我们新一代的年轻人打开想象的翅膀，不断丰富自己的知识，去描绘中国路的未来，去描绘中国的未来。

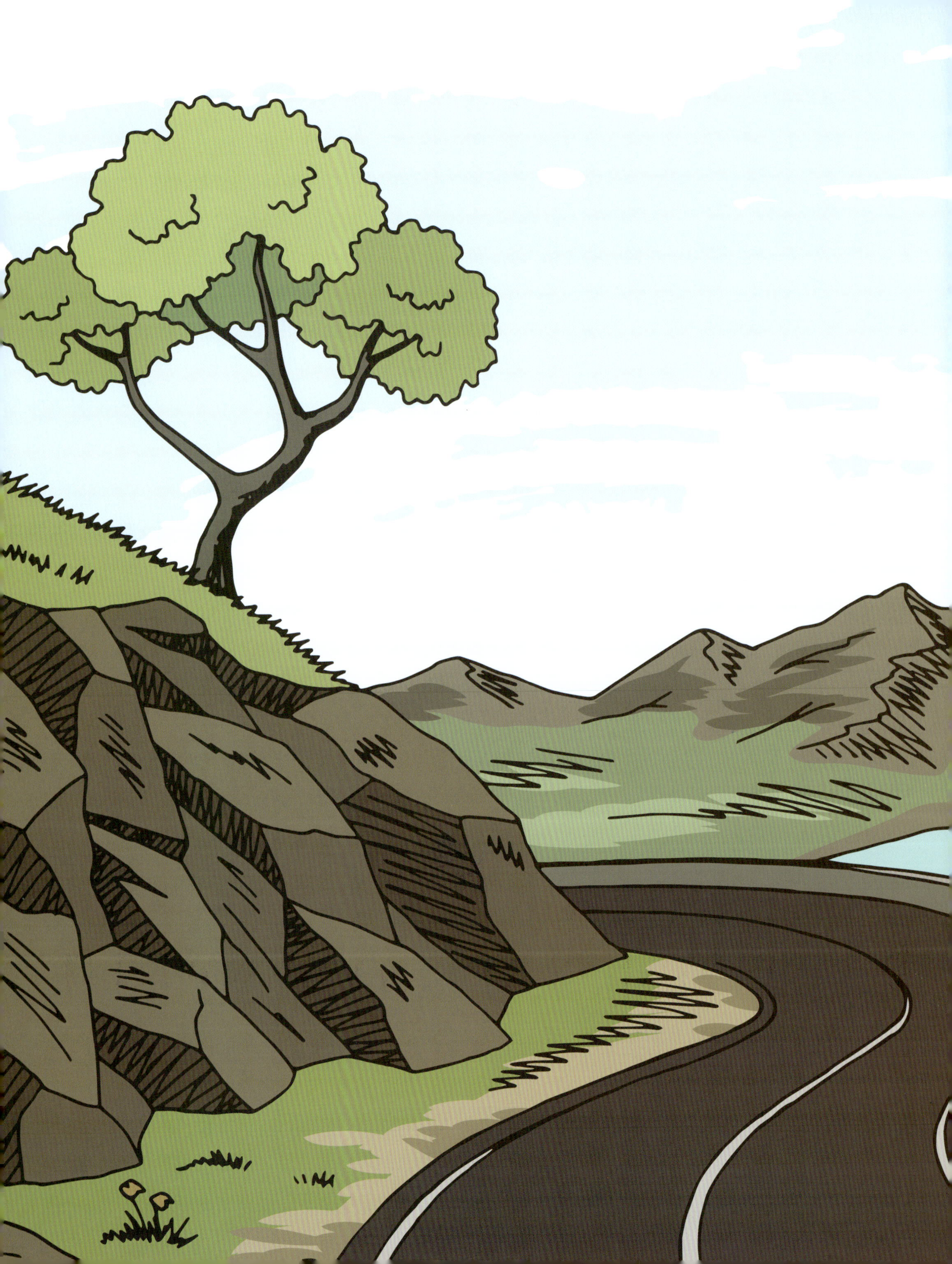

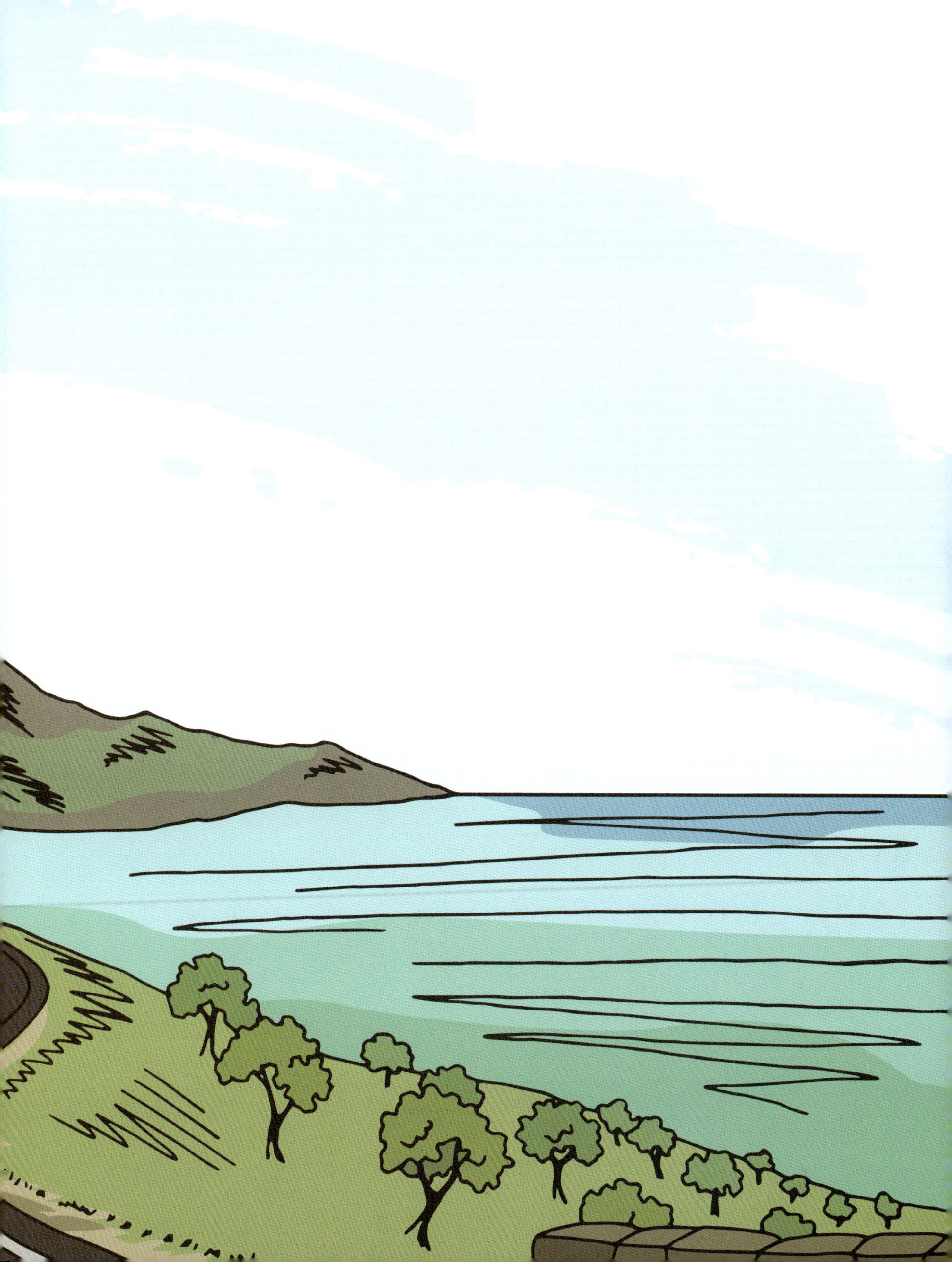

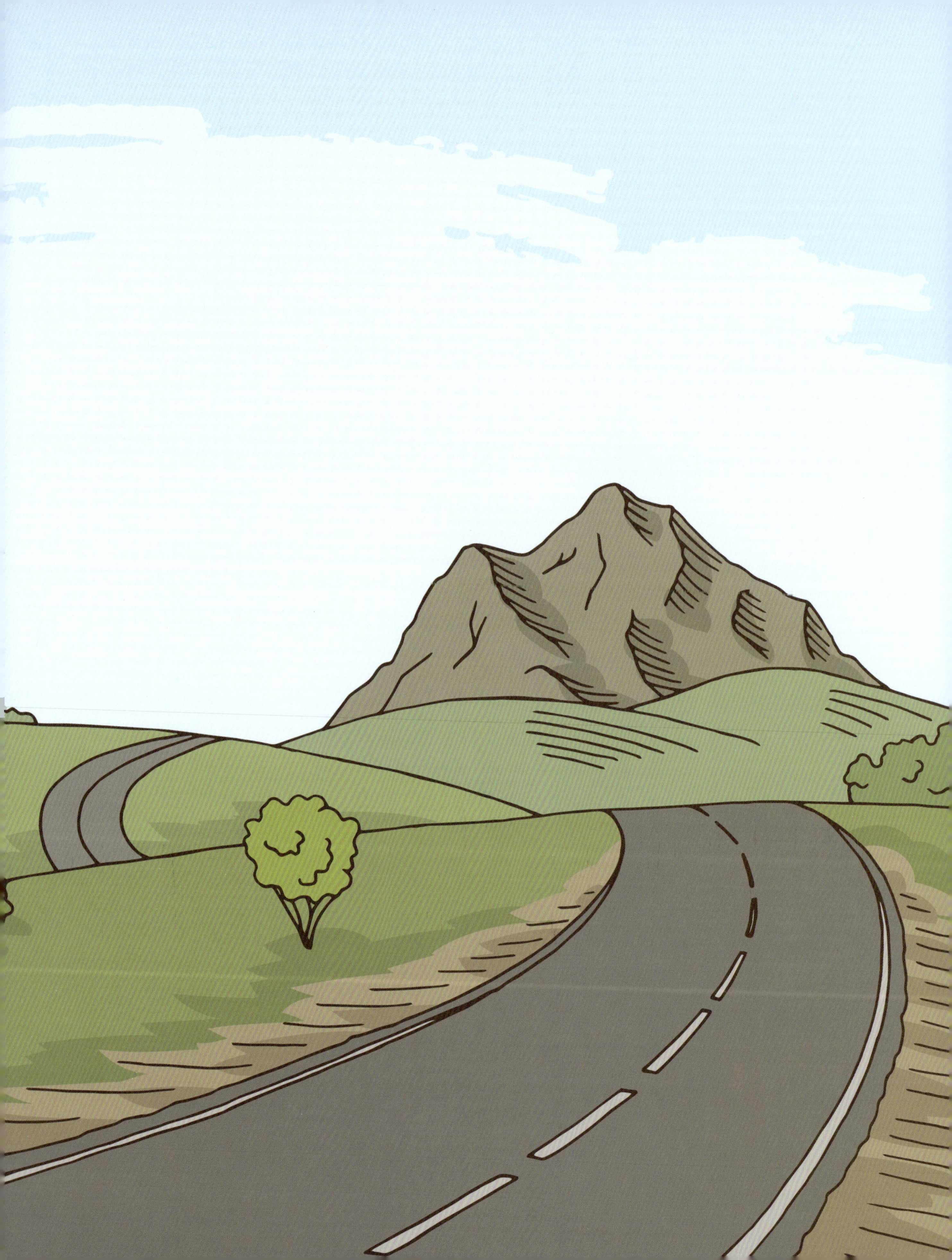